Inhalt

Change Management - Veränderungen im Unternehmen erfolgreich managen

Kernthesen

Beitrag

Fallbeispiele

Weiterführende Literatur

Impressum

Change Management - Veränderungen im Unternehmen erfolgreich managen

Michaela Dengl

Kernthesen

- Changeprozesse sind in deutschen Unternehmen inzwischen Alltag.
- Dennoch scheitern laut einer Umfrage sechzig Prozent aller Veränderungsprozesse.
- Durch eine gezielte Unternehmenskommunikation und Mitarbeitermotivation kann Abhilfe geschaffen werden.
- Als neuer Trend zeichnet sich der Einsatz externer Change-Management-Berater ab,

die hier Hilfestellung leisten sollen.

Beitrag

Changemanagement - Veränderungen erfolgreich durchführen

Veränderungsprozesse sind in deutschen Unternehmen alltäglich. Trotzdem werden nur selten Veränderungen erfolgreich umgesetzt. Laut einer Umfrage von McKinsey scheitern sogar sechzig Prozent aller Veränderungsprozesse. Die Folgen sind meist nicht nur finanzieller Art, daraus resultiert auch eine große Verunsicherung bei den Mitarbeitern und es ist nicht selten sogar ein erster Schritt in Richtung Niedergang des Unternehmens. Bei Changeprozessen ist es daher essenziell einige Grundregeln zu beachten. Am Wichtigsten sind die rechtzeitige Einbeziehung der Mitarbeiter, die richtige Kommunikation der geplanten Veränderungen und die Verdeutlichung der Unternehmensziele. Eine strukturierte Vorgehensweise ist zudem bei allen Veränderungsprozessen erforderlich.

Change-Manager müssen sich über die

Unternehmensziele natürlich im Klaren sein. Die Aufgabenverteilung innerhalb der betroffenen Abteilungen und Ebenen muss definiert und vor allem auch schriftlich festgehalten werden. Eventuelle Widerstände seitens der Mitarbeiter sollten im Vorfeld bekannt sein. Dabei ist es von Vorteil, wenn bereits Strategien entwickelt wurden, wie damit im Unternehmen umgegangen werden soll. Wichtig ist aber, dass die Mitarbeiter aktiv am Veränderungsprozess mitwirken und selbständig Vorschläge einbringen können.

Während der Veränderungsprozess gestaltet wird, ist es selbstverständlich, dass die Führungskräfte mit gutem Beispiel vorangehen und die Veränderungen mittragen. Ein wesentlicher Bestandteil zur erfolgreichen Umsetzung von Veränderungen ist die Kommunikation im Unternehmen. Neuigkeiten, die das Projekt betreffen, müssen umgehend und ehrlich kommuniziert werden. Dies gilt insbesondere auch für schlechte Nachrichten oder wenn sich die Unternehmensziele ändern sollten. Nach Abschluss von Change-Projekten ist es sinnvoll, Feedbackgespräche im Unternehmen anzubieten. (1), (3), (11)

Change Communication erhöht

Akzeptanz von Veränderungsprozessen

Grundsätzlich ist immer wieder zu beobachten, dass bei Change-Projekten, die Belegschaft nur unzureichend über die anstehenden Veränderungen und ihre Folgen informiert wird. Eine gute Change Communication verhindert dies und trägt entscheidend zum Erfolg bei. Die Schwierigkeit bei der Kommunikation von Veränderungen ist, alle Mitarbeiter gleichermaßen zu erreichen. Jeder einzelne möchte sich gut informiert fühlen, nimmt aber Informationen nicht über die gleichen Kanäle auf. So kann beispielsweise der Artikel über den aktuellen Changeprozess in der Mitarbeiterzeitung nicht die gesamte Belegschaft einfangen. Daher gilt es, den Wandel durch verschiedene Medien der internen Kommunikation zu beschreiben. Ziel der Unternehmenskommunikation bei Veränderungsprozessen ist es Transparenz zu schaffen. Die Mitarbeiter erwarten vom Unternehmen gerade am Anfang von Change-Projekten konkrete Antworten. Hier hilft es, wenn die neue Vision des Unternehmens mit den einhergehenden Veränderungen den Mitarbeitern frühzeitig vorgestellt wird und die offenen Fragen der einzelnen Mitarbeiter beantwortet werden.
Veränderungsprojekte werden laut einer Studie der

deutschen Arbeitsgemeinschaft industrieller Forschungsvereinigungen zu 85 Prozent erfolgreich beendet, wenn die Belegschaft die Möglichkeit hat, aktiv an Diskussions- und Fragerunden teilzunehmen. Gleichzeitig haben Führungskräfte dadurch die Gelegenheit direkt bei den Mitarbeitern herauszufinden, wo es Schwierigkeiten und Bedenken gibt und können gegebenenfalls rechtzeitig gegensteuern. (3), (4), (5)

Ohne Mitarbeitermotivation keine erfolgreichen Changeprozesse

Neben der Unternehmensvision und der Kommunikation ist die Mitarbeitermotivation ein entscheidender Faktor für den Erfolg von Change-Projekten. Laut dem Hernstein Management Report betreuen fünfzig Prozent aller Führungskräfte gerade laufende Change-Projekte. Dabei gehört zu den wichtigsten Aufgaben einer Führungskraft die Mitarbeitermotivation. Insgesamt 67 Prozent aller befragten Führungskräfte sind dieser Meinung. Wenn sich Unternehmen wandeln, ist die Verunsicherung bei den Mitarbeitern groß. Generell durchlebt ein Mitarbeiter bei Veränderungen vier mögliche Phasen: Ablehnung, Widerstand, Entdecken und Commitment. Diese Phasen müssen meist erst alle durchgestanden werden, bevor die Belegschaft bereit ist die Veränderung zu akzeptieren. Viele Führungskräfte unterschätzen, wie lange es dauert sich von alten Gewohnheiten zu trennen. Daher sollten Führungskräfte auf die Ängste ihrer Mitarbeiter gezielt eingehen und sie bei der Bewältigung unterstützen. (6), (7)

Trends

Externe Berater als Change-Partner

Veränderungsprozesse in Unternehmen werden immer öfter von Unternehmensberatungen begleitet. Gefragt ist allerdings nicht mehr ausschließlich das Fachwissen der Berater. Inzwischen hat sich ein neuer Trend durchgesetzt: die Consultingunternehmen sollen helfen, das Klima im Unternehmen so zu verändern, dass die Belegschaft Veränderungsprozesse eigenständig anregt und durchführt. Eine große Rolle spielt hierbei die Anleitung der Führungskräfte. Diese müssen den eigenen Mitarbeitern so viel Freiraum wie möglich und so viele Vorgaben wie nötig geben. Dadurch soll erreicht werden, dass sich die Belegschaft selbst Gedanken über anstehende Veränderungen macht,

Vorschläge zu deren Umsetzung einreicht und sich gleichzeitig mit den Veränderungen identifiziert. Ziel ist auch, über ausgewählte Führungskräfte im Unternehmen einen regen Kommunikations- und Austauschprozess einzuleiten. So kann die gesamte Belegschaft Veränderungen besser nachvollziehen und alte Gewohnheiten und Verhaltensmuster lassen sich leichter ablegen. Die Unternehmensberater bleiben dabei im Hintergrund, lassen die Führungskräfte agieren und leisten als Change-Partner nur Hilfestellung. (8)

Fallbeispiele

Leitfäden für Change Manager

Wie aktuell das Thema Change Management ist, spiegelt sich auch in der Fachliteratur wider. Führungskräfte, die Veränderungsprozesse managen müssen, können sich unter Anderem mit dem erst kürzlich erschienenen Buch "Veränderungen erfolgreich managen" ein theoretisches Grundwissen aneignen. Das bei Haufe veröffentlichte Handbuch beschreibt welche Konzepte und Methoden es im Bereich Change Management gibt. Die Autoren, Prof. Dr. Thomas Bartscher und Juliane Stöckl, zeigen wie es möglich ist, nachhaltig Veränderungen in

Unternehmen durchzusetzen. Sie verdeutlichen welche Rahmenbedingungen geschaffen werden müssen und welche Techniken hilfreich sind. Ein weiteres Sachbuch zum Thema Change Management ist von vier Experten (Dietmar Bodingbauer, Hubert Dolleschall, Manfred Höfler, Franz Schwarenthorer) der Unternehmensberatung ICG Integrated Consulting Group geschrieben worden. Deren mehrjährige Berufserfahrung bei der Begleitung von Veränderungsprozessen, kommt dem Buch "Abenteuer Change Management - Handfeste Tipps aus der Praxis für alle, die etwas bewegen wollen" zugute. Dort finden interessierte Führungskräfte Tipps und Beispiele aus der Praxis, wie der Wandel im Unternehmen zu vollziehen ist und wo die häufigsten Fehler begangen werden. (9), (10)

McCain Food - Führungsteam mit Vorbildfunktion

McCain Foods steht vor der Herausforderung Change Management-Prozesse im Zusammenhang mit der Einführung von Collaboration-Tools und der Nutzung von Social Media zu organisieren. Letztlich sind daran etwa 35 Personen aktiv beteiligt, die allerdings über die ganze Welt verstreut sind. McCain wollte mit der Einführung seinem IT-Team von 350 Leuten, die auf fünf Kontinenten oftmals sogar an denselben oder aber an völlig unterschiedlichen Projekten arbeiten, weltweite Aktionen und den Austausch von Erfahrungen ermöglichen. Die große Herausforderung dabei ist, Mitarbeiter aus unterschiedlichen Kulturen und mit Arbeitsplätzen in vielen Ländern zu einem Team zu formen. Als essentiell wird dabei angesehen, dass das Führungsteam bei der Einführung eine Vorbildfunktion übernimmt. (11)

Change Management Berater im österreichischen Gesundheits- und Sozialsystem

In Österreich wird aktuell die Möglichkeiten der Zusammenführung von über dreißig staatlichen, staatsnahen und privatwirtschaftlichen Organisationen des Gesundheits- und Sozialbereichs zu einem Kooperationssystem diskutiert. Beratung wurde benötigt bei den Change Management Prozessen für den Aufbau medizinisch und ökonomisch sinnvoller Behandlungsketten für alle unmittelbar vom Prozess Betroffenen (Patienten und Mitarbeiter). Professor Dr. Ralph Grossmann, Leiter der Abteilung "Organisationsentwicklung und Gruppendynamik" an der Fakultät für Interdisziplinäre Forschung und Fortbildung der

Alpen-Adria-Universität Klagenfurt, Christian Neugebauer (Wissenschaftlicher Mitarbeiter) und Dr. Karl Prammer, Organisationsberater und Geschäftsführender Gesellschafter der Conecta Wiener Schule der Organisationsberatung, standen vor der Aufgabe, die Möglichkeiten einer gemeinsamen Kooperationsstruktur zu analysieren und zu untersuchen, wie die Veränderungsprozesse auch nachhaltig abgesichert werden können. (12)

Weiterführende Literatur

(1) Damit die Belegschaft sich bei Veränderungen nicht querstellt Wie dank eines Change-Managements der Wandel gelingt
aus Financial Times Deutschland vom 14.04.2011, Seite 2SA02

(2) w+w-Toolbox: Change-Projekte professionell gestalten
aus wirtschaft&weiterbildung, Vol. 20, Heft 02/2011, S. 13-14

(3) «Firmen sollten Initiativen bündeln»
aus HandelsZeitung vom 05.05.2011, S. 15

(4) Mitarbeiter mitnehmen Veränderungsprozesse werden oft einseitig umgesetzt
aus Fränkischer Tag Kronach vom 15.01.2011, S. 6

(5) Der Wandel ist immer und überall
aus CHEManager 7-8/2011

(6) Hernstein: Mitarbeitermotivation ist aktuellste Führungsherausforderung
aus HMI

(7) Die Mitarbeiter als Mitstreiter gewinnen
aus Die Bank, Heft 02/2011, S. 74-77

(8) Beratung hinter den Kulissen
aus Frankfurter Allgemeine Zeitung, 16.03.2011, Nr. 63, S. B3

(9) Neues Handbuch für Change Manager von Haufe: Veränderungen erfolgreich managen mit praxiserprobten Konzepten und Tools
aus news aktuell, 2011-02-11

(10) Das Abenteuer >Wandel<
aus Die Presse vom 2011-04-09, Seite: K2

(11) Social Media
aus CIO - IT-Strategie für Manager, Meldung vom 28.04.2011

(12) Unterschiede in Einklang bringen
aus OrganisationsEntwicklung Nr. 02 vom 21.04.2011 Seite 020

Impressum

Change Management - Veränderungen im Unternehmen erfolgreich managen

Bibliografische Information der deutschen Nationalbibliothek

Die Deutsche Nationalbibliothek verzeichnet diese Publikation in der deutschen Nationalbibliografie; detaillierte bibliografische Daten sind im Internet über http://dnb.d-nb.de abrufbar.

ISBN: 978-3-7379-1275-4

© 2015 GBI-Genios Deutsche Wirtschaftsdatenbank GmbH, Freischützstraße 96, 81927 München, www.genios.de

Alle Rechte vorbehalten. Dieses Werk ist einschließlich aller seiner Teile – z.B. Texte, Tabellen und Grafiken - urheberrechtlich geschützt. Jede Verwertung außerhalb der Grenzen des Urheberrechtsgesetzes bedarf der vorherigen Zustimmung des Verlags. Dies gilt insbesondere auch für auszugsweise Nachdrucke, fotomechanische

Vervielfältigungen (Fotokopie/Mikroskopie), Übersetzungen, Auswertungen durch Datenbanken oder ähnliche Einrichtungen und die Einspeicherung und Verarbeitung in elektronischen Systemen.